DE

L'ÉCOLE POLYTECHNIQUE.

OUVRAGES DU MÊME AUTEUR :

HISTOIRE DE L'EXPÉDITION DE RUSSIE. Seconde édition. Trois vol. in-8°, avec un atlas et trois vignettes.

PHILOSOPHIE DE LA GUERRE, suivie de Mélanges. Seconde édition. Un vol. in-8°.

LES DEUX DERNIERS CHAPITRES DE MA PHILOSOPHIE DE LA GUERRE. Un vol. in-8°.

DES CHANGEMENS SURVENUS DANS L'ART DE LA GUERRE, depuis 1700 jusqu'en 1815. In-8°.

TRAITÉ DE LA CULTURE DU MELON SUR COUCHE SOURDE ET EN PLEINE TERRE. In-8°.

DE L'AGRICULTURE ET DE L'INDUSTRIE DANS LA PROVINCE DU NIVERNAIS. In-8°.

PARIS, IMPRIMERIE DE PILLET AÎNÉ,
rue des Grands-Augustins, n. 7.

DE

L'ÉCOLE POLYTECHNIQUE,

PAR LE Mis DE CHAMBRAY,

Maréchal-de-camp d'artillerie, Membre correspondant de l'Académie
royale des Sciences et Belles-Lettres de Prusse.

Quorum pars fui.
Extide. lib. II.

PARIS,

ANSELIN, LIBRAIRE, PASSAGE DAUPHINE;

PILLET AINÉ, RUE DES GRANDS-AUGUSTINS; DELAUNAY, PALAIS-
ROYAL; MATHIAS, QUAI MALAQUAIS.

=

FÉVRIER 1836.

SOMMAIRE.

Renommée de l'Ecole Polytechnique. — Création de l'Ecole centrale des Travaux publics, en 1794. — Transformation de l'Ecole des Travaux publics en Ecole Polytechnique. — Organisation, administration et instruction de l'école jusqu'en 1799. — Changemens survenus dans l'enseignement depuis cette époque jusqu'à ce jour. — Esprit de l'enseignement. — Deux années de ma vie (1801 et 1802) passées à l'école. — Quelle utilité j'ai retiré de l'instruction que j'y ai reçue. — Changemens survenus dans l'organisation et dans l'administration de l'école depuis 1799 jusqu'à ce jour. — L'école considérée sous le point de vue politique. — L'école est-elle le moyen le plus efficace de procurer à l'état les sujets les plus distingués et les plus capables, tant pour les services publics qu'elle alimente, que pour le perfectionnement des sciences exactes ?

DE
L'ÉCOLE POLYTECHNIQUE.

L'École Polytechnique jouit d'une renommée si imposante, qu'il est en quelque sorte admis comme article de foi, en France et dans la plupart des pays étrangers, qu'elle est le moyen le plus efficace de procurer à l'état les sujets les plus distingués et les plus capables, tant pour les services publics qu'elle alimente que pour le perfectionnement des sciences exactes.

Je n'ai jamais partagé cette opinion, et souvent j'ai eu occasion de la combattre; souvent aussi on m'a engagé à donner de la publicité à mes raisons; je m'y décide enfin, le croyant utile : ce sera la première fois, je pense, que l'on aura porté l'examen de cette question au tribunal de l'opinion publique.

Je reproduis dans cet écrit des opinions que l'on m'a entendu constamment professer depuis trente-trois ans que je suis sorti de l'École Polytechnique, et pourtant je ne le fais pas sans appréhension, ne me dissimulant pas que beaucoup de personnes les jugeront paradoxales,

Aussi les aurais-je données dans le doute, s'il était possible, quand on discute et que l'on est convaincu, de ne pas prendre le ton affirmatif.

Il faut d'abord que je fasse connaître par quels motifs et comment a été fondée l'École Polytechnique, ainsi que les changemens qui ont été successivement apportés dans son organisation, dans son administration et dans son enseignement; tout cela sommairement et réduit à ce qu'il est nécessaire d'en savoir pour que l'on puisse asseoir son jugement avec connaissance de cause (1).

Avant la révolution française, pour devenir ingénieur des ponts-et-chaussées, ingénieur militaire, ingénieur des mines, ingénieur-géographe, ingénieur-constructeur pour la marine, officier d'artillerie et officier de la marine, il fallait passer par des écoles spéciales (2) où l'on n'était admis que par voie d'examen; on subissait aussi des examens pour passer de ces écoles dans les divers services publics qu'elles alimentaient.

Les écoles spéciales furent plus ou moins dé-

(1) Je puiserai en grande partie ces renseignemens dans l'excellente *Histoire de l'Ecole Polytechnique,* par A. Fourcy.

(2) Il y avait, pour chacun de ces services, une école spéciale ou d'application dans chacune desquelles on recevait l'instruction nécessaire pour remplir les fonctions auxquelles on se destinait.

sorganisées par suite de la révolution française, et, au commencement de 1794, les membres du comité de salut public sentirent vivement combien il pouvait devenir nuisible à l'état et à la cause qu'ils avaient embrassée, de manquer de sujets capables dans ces différentes carrières.

Le comité de salut public s'était entouré d'hommes distingués dans les sciences exactes, la plupart par leurs écrits, et il comptait dans son sein des hommes célèbres aux mêmes titres; ces savans, qui étaient aussi des hommes politiques et qui avaient embrassé avec ardeur les principes de la révolution française, se proposèrent, pour satisfaire aux besoins urgens du moment, de créer à Paris une école destinée tout à la fois à remplacer une partie des anciennes écoles spéciales, à propager les principes démocratiques et à donner une extension extraordinaire à l'étude des sciences auxquelles ils devaient leur célébrité. Ils étaient sans doute stimulés par leurs sentimens patriotiques; mais il est permis de croire qu'ils l'étaient aussi, peut-être même à leur insu, par le désir d'accroître leur influence politique et leur célébrité, car tel est le cœur humain.

Fourcroy, célèbre chimiste, l'un des membres du comité de salut public, fut choisi par ce comité pour présenter à la convention le projet de loi relatif à la création de cette nouvelle école que l'on désignait sous le nom d'*École centrale des Travaux publics.*

Ce fut peu de jours après la chute de Robespierre qu'il soumit ce projet de loi à la Convention, et indépendamment des considérations tirées de la nature même de son sujet, il sut, avec beaucoup d'adresse, intéresser cette assemblée à la propagation et aux progrès des sciences et des arts en les présentant comme de puissans auxiliaires dans les opérations de la guerre et en prétendant que les *derniers conspirateurs* (les vaincus du 9 thermidor) avaient formé le projet non seulement « d'anéantir les sciences et les arts pour » marcher à la domination à travers les débris » des connaissances humaines, et précédés par » l'ignorance et la superstition, » mais encore « d'anéantir toutes les choses et tous les hommes » utiles à l'instruction. »

L'Ecole centrale des Travaux publics devait alimenter le corps des ingénieurs militaires, celui des ingénieurs-géographes, celui des ingénieurs des ponts-et-chaussées, celui des ingénieurs des mines, et celui des ingénieurs-constructeurs pour la marine ; on se proposait de supprimer entièrement les écoles spéciales de ces différens services, aussitôt « que la nouvelle école aurait pris une marche assurée. » L'Ecole des Travaux publics était destinée enfin « à rétablir l'enseignement » des sciences exactes qui avait été suspendu par » les crises de la révolution, » et à en répandre le goût au moyen des élèves qui retourneraient dans leurs foyers, lorsqu'ils n'auraient pu être employés dans les travaux publics.

Elle devait être composée de quatre cents élèves, ayant depuis seize jusqu'à vingt ans, admis à cette école à la suite d'examens que l'on pouvait subir dans vingt-deux villes de France, et qui ne roulaient absolument que sur les mathématiques ; on exigeait des candidats la connaissance de l'arithmétique et des élémens d'algèbre et de géométrie.

Les élèves devaient porter une redingote bleue uniforme ; ils ne devaient point être casernés, mais ils devaient passer dans le local de l'école une partie des journées pour s'y livrer à l'étude dans des salles préparées exprès et pour suivre les cours des professeurs ; ils devaient être partagés en trois divisions et leurs études devaient durer pendant trois années. Indépendamment de l'examen d'admission, ils devaient subir trois autres examens, le premier pour passer de la première à la seconde division, le second pour passer de la seconde division à la troisième, et le dernier pour être admis dans les différens services publics auxquels ils se destinaient : on devait renvoyer dans leurs foyers ceux qui subiraient de mauvais examens.

Dans la première division (première année d'études), on devait enseigner aux élèves la géométrie descriptive, les principes généraux de l'analyse, l'application de l'analyse à la géométrie descriptive, et l'on commençait la physique, la chimie et le dessin; dans la seconde division, l'application de l'analyse à la mécanique des solides et des fluides, les travaux publics civils, l'architecture, la physique, la chimie et le dessin; dans la troisième, enfin, l'application de l'analyse au calcul de l'effet des machines, la fortification, la physique, la chimie et le dessin.

Les élèves devaient recevoir des appointemens « parce que, dit le rapporteur, la plupart » des citoyens n'auraient pas les facultés néces- » saires pour entretenir leurs enfans à Paris » pendant trois ans, et parce que les élèves » auront obtenu, d'après leur examen, un pre- » mier grade dans les travaux publics. »

Les examens d'admission à l'Ecole des Travaux publics ne pouvaient procurer que des élèves ayant seulement les connaissances nécessaires pour suivre les cours de la première division, et en se conformant rigoureusement aux dispositions proposées, l'école ne pouvait être complètement organisée qu'au bout de deux ans, et n'aurait pu fournir de sujets pour les travaux publics qu'au bout de trois ans. Les auteurs du projet voulaient au contraire qu'elle fût tout d'abord complètement organisée, parce que, disaient-ils, les besoins du service l'exigeaient impérieusement; mais il me paraît probable qu'ils avaient d'autres motifs encore qu'ils ne pouvaient faire valoir, du moins devant une assemblée souveraine : ils voulaient faire jouir immédiatement les hommes qui enseignaient les sciences exactes, des avantages que cette école devait leur procurer, en répandant extraordinairement l'étude de ces sciences et en procurant, aux plus célèbres d'entre eux, des emplois de professeurs dans la capitale (1).

Pour parvenir donc à mettre promptement l'école en activité dans toutes ses parties, « il » a fallu, dit le rapporteur, trouver le moyen

(1) « L'ouverture simultanée des trois degrés de l'enseignement » présentait en outre l'avantage, alors considérable, de procurer » sur-le-champ de l'emploi, et par suite un traitement, à des savans » qui n'auraient pu autrement commencer leur service à l'école que » la seconde et la troisième année.» (A. Fourcy, *Histoire de l'École Polytechnique*, page 59.)

» de fonder à la fois toutes les parties de l'ins-
» truction, et l'enseignement révolutionnaire a
» fourni au comité le moyen d'atteindre ce but.
» Des cours concentrés en quelque sorte, de la
» durée de trois mois, et donnés en même tems,
» renfermeront l'enseignement total de l'école,
» formeront une instruction complète, quoique
» accélérée, et permettront à la fin de ces pre-
» miers cours de partager les élèves en trois
» classes, dont chacune suivra sur-le-champ
» l'étude affectée à chacune des trois années. »

Prétendre qu'on pourrait faire apprendre en trois mois ce qui exigeait trois années d'études opiniâtres, c'était une absurdité; mais, en traduisant en langage vulgaire le passage que je viens de citer, on voit qu'on se proposait de consacrer trois mois à classer les élèves sous le rapport de l'intelligence, et à reconnaître ceux d'entre eux qui possédaient dans les sciences exactes des connaissances plus étendues que celles qui étaient exigées pour entrer à l'école, afin de les répartir ensuite dans les trois divisions. Il était assurément impossible de se procurer ainsi des sujets ayant assez de connaissances pour suivre tous les cours de la seconde et de la troisième division; mais, par ce moyen, on parvenait pourtant à les classer par ordre de capacité.

Fourcroy terminait son rapport ainsi qu'il suit : « Le comité doit vous dire que la gran-
» deur de cette école est digne du peuple auquel
» elle est consacrée ; qu'elle sera sans modèle en
» Europe, qu'elle satisfera doublement, et aux
» besoins de la république, et à l'instruction
» générale que le peuple réclame depuis cinq
» ans ; qu'elle répandra de proche en proche, et
» dans toute la république, le goût si avanta-
» geux des sciences exactes, et que c'est enfin
» un des plus puissans moyens de faire marcher
» d'un pas égal le perfectionnement des arts
» utiles et celui de la raison humaine. »

Quel moyen plus puissant de flatter l'amour-propre des membres de la majorité de la convention, que de ranger les sciences, les arts et les hommes qui les cultivaient au nombre des proscrits qui devaient leur salut à la chute de Robespierre, et de lui présenter l'école projetée sous un aspect si grand et si utile ; aussi cette assemblée accepta-t-elle, pour ainsi dire sans discussion, le 28 septembre 1794, la loi qui lui était proposée : mais l'expérience apprit bientôt que l'Ecole des Travaux publics ne pourrait jamais procurer les résultats qu'on en attendait.

La nouvelle école fut établie dans cette partie du Palais-Bourbon où se trouvaient les remises, les écuries, la salle de spectacle et l'orangerie.

Les examens s'ouvrirent le 22 octobre 1794, et quoique les connaissances que l'on exigeait pour être admis à l'Ecole des Travaux publics fussent faciles à acquérir, et que la carrière des travaux publics exemptât de la conscription, avantage immense, puisque, alors, tous les citoyens étaient obligés de servir en personne, on ne parvint à réunir dans la France entière que trois cent soixante-quatorze sujets dont se composa d'abord l'Ecole des Travaux publics; encore ne fût-ce qu'en autorisant les élèves des écoles spéciales à se présenter à cette école (1) et qu'en enfreignant pour un grand nombre de sujets les conditions d'admission imposées par la loi.

Ainsi les examinateurs eurent pour instructions d'admettre, au défaut de candidats ayant les connaissances requises, ceux qui, par leur intelligence, donnaient le plus d'espérances; on reçut des jeunes gens qui avaient moins de seize ans, d'autres qui en avaient plus de vingt, et parmi ces derniers il se trouvait des militaires; on dérogea, en faveur des élèves qui apparte-

(1) Il ne paraîtra pas singulier que des élèves des écoles spéciales se soient présentés aux examens d'admission de l'Ecole des Travaux publics, si l'on réfléchit que cette dernière école était destinée à remplacer les premières, que l'on s'attendait à voir supprimer.

naient à des familles nobles, à la loi du 16 avril 1794, qui interdisait l'entrée de Paris aux membres de la noblesse; il paraît enfin que les municipalités ne furent pas très-difficiles pour donner aux candidats des certificats attestant « qu'ils » avaient constamment manifesté l'amour de la » liberté et de l'égalité, et la haine des tyrans. »

Les candidats admis reçurent une indemnité de route pour se rendre à Paris, et il leur fut alloué par an 1,200 francs d'appointemens en assignats, somme équivalente alors à environ 340 francs en numéraire.

Un arrêté des trois comités (1), du 26 novembre 1794, acheva de poser les bases de l'organisation de l'école; cette organisation fut bientôt terminée, et le 21 décembre 1794 s'ouvrirent les cours révolutionnaires. Je n'hésiterai pas à rapporter quelques dispositions de l'arrêté des comités, car nous assistons à la création de l'*Ecole Polytechnique*, puisque l'Ecole des Travaux publics prit bientôt ce nom sans éprouver d'abord de changemens notables dans ce qui a rapport à l'instruction.

L'école devait être dirigée, tant pour l'instruction que pour l'administration, par un

---

(1) Le comité de salut public, le comité de surveillance, et le comité d'instruction publique.

conseil composé des professeurs et de leurs adjoints, du directeur, de deux sous-directeurs et d'un secrétaire. Le conseil devait s'occuper non-seulement du mode de l'enseignement, mais encore du perfectionnement des sciences et des arts qui en étaient l'objet; on sentira combien ces dernières attributions étaient importantes, si l'on considère que les académies avaient été supprimées.

Chacune des divisions devait être partagée en brigades, et chaque brigade devait avoir un chef, choisi parmi les élèves qui avaient terminé leurs trois années d'études. Les chefs de brigades devaient se trouver constamment avec les élèves de leurs brigades, pour lever les difficultés qu'ils ne pourraient surmonter seuls dans le cours de leurs études. On devait désigner pour chefs de brigade, par mesure transitoire, ceux des élèves qui, pendant les cours révolutionnaires, se seraient montrés les plus capables d'en remplir les fonctions.

Aussitôt, donc, que les cours révolutionnaires furent terminés, on répartit les élèves dans les trois divisions; on forma les brigades; les chefs de brigades furent désignés, et l'Ecole des Travaux publics étant entièrement constituée, les cours commencèrent (24 mai 1795).

L'Ecole des Travaux publics ne fut pas plutôt en pleine activité, que l'on reconnut non-seulement son insuffisance pour remplacer les écoles spéciales, ainsi qu'on se l'était proposé, mais l'impossibilité d'atteindre ce résultat, tant que les élèves seraient livrés à des études théoriques qui absorbaient tout le tems que la jeunesse la plus studieuse peut consacrer à l'étude. Lors même qu'il en eût été autrement, il n'aurait pas été possible de loger avec succès dans les mêmes têtes, et d'une manière durable, tout ce qui avait fait jusqu'alors la matière de l'enseignement dans les diverses écoles spéciales.

La destination de l'Ecole des Travaux publics fut donc changée; elle devint une école préparatoire, destinée à alimenter les écoles spéciales que l'on s'empressa de réorganiser ou de perfectionner, loin de songer davantage à les supprimer. Deux lois rendues par la Convention le 1er septembre et le 22 octobre 1795, lois sollicitées et préparées par ces mêmes savans qui avaient obtenu la création de l'Ecole des Travaux publics, consacrèrent ces changemens.

La première impose à l'Ecole des Travaux publics le nom d'*Ecole Polytechnique*, augmente le nombre des connaissances mathématiques exigées pour être admis à cette école, complète ou modifie les dispositions de la loi du 28 septembre 1794, et de l'arrêté des trois comités du 26 novembre 1794.

La seconde contient des dispositions relatives aux écoles spéciales, et règle les rapports entre ces écoles et l'Ecole Polytechnique; elle place cette dernière école dans les attributions du ministre de l'intérieur, et réduit le nombre des élèves à 360; elle réunit le service de l'artillerie, pour les deux tiers des emplois d'officiers seulement (1), aux services que l'école alimentait déjà; elle ajoute, enfin, que l'école est destinée aussi à former des sujets « pour l'exercice libre » des fonctions qui nécessitent des connaissan- » ces mathématiques et physiques; » elle conserve le système général de l'enseignement, mais elle modifie l'instruction des élèves selon les différens services auxquels ils se destinent.

Tous doivent suivre les cours de la première division, mais ceux qui se destinent au service d'ingénieurs-constructeurs pour la marine ou d'ingénieurs-géographes, doivent se présenter aux examens pour l'école spéciale de ces services, après avoir suivi les cours de la pre-

(1) Un tiers des emplois d'officiers d'artillerie fut réservé pour les sous-officiers de cette arme; cette répartition des emplois d'officiers entre les élèves de l'Ecole spéciale d'artillerie et les sous-officiers de l'artillerie subsiste toujours.

mière division seulement; ceux qui se destinent au service de l'artillerie et des mines, après avoir suivi les cours des deux premières divisions, et ceux qui se destinent au service du génie militaire et des ponts-et-chaussées, après avoir suivi les cours de la première et de la troisième division. Les élèves qui échouent dans leurs examens peuvent se présenter une seconde fois l'année suivante; aucun ne peut d'ailleurs rester plus de quatre ans à l'école.

Enfin, « à l'avenir, est-il dit dans cette loi,
» il ne sera plus admis aux écoles particulières
» du génie militaire, des ponts-et-chaussées,
» des mines, des géographes, ainsi que de l'ar-
» tillerie et des ingénieurs de vaisseaux, que
» des jeunes gens ayant passé à l'Ecole Poly-
» technique et ayant rempli toutes les condi-
» tions prescrites.

» Néanmoins, jusqu'à ce qu'il se trouve assez
» d'élèves qui aient satisfait à ces conditions, le
» directoire exécutif entretiendra ces différens
» services par des élèves, ou choisis suivant
» l'ancien mode, ou tirés de l'Ecole Polytechni-
» que; à cet effet, il pourra prendre dans cette
» école ceux dont il jugerait les services utiles
» à la patrie, suivant les circonstances. »

Quelques mois après la promulgation de cette

loi, le directoire arrêta que « les examens, sui-
» vant l'ancien mode, n'auraient plus lieu, et
» que les jeunes gens qui se destineraient aux
» services publics devraient passer par l'Ecole
» Polytechnique, » et à peu près à la même
époque ; que l'Ecole Polytechnique fournirait
des élèves à l'Ecole des Poudres et Salpêtres et à
l'Ecole Aérostatique ; mais l'aérostation, branche des services publics d'une nouvelle création,
n'eut qu'une existence éphémère.

Il est digne de remarque que, malgré la
transformation de l'Ecole des Travaux publics en
école préparatoire, sous le nom d'Ecole Polytechnique, l'enseignement resta le même, et
que les connaissances en mathématiques, exigées
pour être reçu dans la nouvelle école, furent
augmentées au point qu'il était plus difficile d'y
être admis, qu'auparavant dans les écoles spéciales.

Les élèves de l'Ecole Polytechnique avant
d'être admis dans les écoles spéciales, subissaient des examens pour constater leurs connaissances dans les sciences qu'on leur avait enseignées, et au nombre de ces sciences se trouvaient les mathématiques transcendantes, à l'étude desquelles ils avaient consacré le plus de
tems. Il semblait ainsi que l'on eût rendu vul-

gaires ces parties élevées des mathématiques, qui n'avaient été jusqu'alors le partage que d'un bien petit nombre de savans en Europe, et pour l'étude desquelles on avait jusqu'alors cru qu'il fallait être doué d'un génie particulier : quelques personnes, et je suis de ce nombre, partagent encore cette dernière opinion.

Ainsi, l'instruction que l'on donnait aux élèves, était une instruction supplémentaire intercalée entre celle qui était exigée avant la création de l'Ecole Polytechnique, pour être admis dans les écoles spéciales, et l'instruction que l'on recevait dans ces dernières écoles.

Pendant les premières années qui suivirent la création de l'Ecole Polytechnique, cette école éprouva quelques changemens importans relatifs à son organisation, à son administration et à l'instruction qu'y recevaient les élèves.

Les fonctions attribuées au directeur devinrent plus nombreuses et plus importantes, les deux sous-directeurs furent remplacés par des administrateurs.

Le nombre des élèves, réduit d'abord à 200, reporté à 250, fut définitivement fixé à 300 ; il fut alloué à chaque élève 360 francs d'appointemens par an, et l'on donnait un supplément à ceux qui déclaraient en avoir absolument besoin.

Le cours d'études des élèves fut réduit à deux années, et par une conséquence nécessaire, il n'y eut plus que deux divisions entre lesquelles on répartit tous les cours qui étaient répartis auparavant entre les trois divisions.

Les élèves qui avaient manqué leurs examens à la fin des cours de chaque division pouvaient concourir une seconde fois l'année suivante, mais jamais rester plus de trois ans à l'école.

Pendant les premières années de l'école, les élèves ne déclaraient le service auquel ils se destinaient, que lorsqu'ils subissaient l'examen pour passer dans les écoles spéciales, et ceux d'entre eux qui le désiraient rentraient dans leurs foyers; on considérait ces derniers comme destinés à répandre le goût de l'étude des sciences exactes. Depuis, ces dispositions furent changées (1798) : chaque candidat qui se présentait pour être admis à l'école dut déclarer à l'examinateur le service public pour lequel il se destinait, et l'ordre dans lequel il préférait s'attacher aux divers services qu'alimentait l'école, s'il n'y avait pas de places dans celui qu'il demandait; on distribuait les emplois à donner selon les rangs d'admission.

Le célèbre Lagrange fit quelques leçons d'analyse, destinées au perfectionnement des sciences mathématiques; elles n'étaient point obligatoires. On commença des cours de zootechnie (connaissance de la structure et de la force des animaux), de salubrité publique, d'anatomie comparée, d'histoire naturelle, et l'on projetait des cours de botanique et de bibliographie, les professeurs furent même nommés; il fallut bientôt abandonner ces cours et renoncer à accroître l'instruction que l'on donnait aux élèves : le tems manquait, et l'organisation humaine ne permet pas d'enseigner à la jeunesse, en aussi peu de tems, une aussi grande masse de connaissances; on peut même affirmer qu'à cet égard on avait dépassé les bornes, puisque la santé de beaucoup d'élèves en était altérée, ainsi que le témoignait assez la pâleur de leur teint.

Les hommes qui président à la création d'un établissement tel que l'Ecole Polytechnique, doivent examiner avec le soin le plus consciencieux si les cours que l'on propose d'établir sont réellement utiles aux élèves, pour les carrières auxquelles ils se destinent, et si l'on n'a pas plutôt pour but l'intérêt d'un professeur que celui des élèves.

Je rapporterai, à l'appui de ces réflexions, les représentations adressées par le conseil de l'école au ministre de l'intérieur, qui avait créé, sans le consulter, un cours de bibliographie et nommé le professeur chargé de faire ce cours. Le conseil déclara qu'un cours de bibliographie ne pouvait s'établir sans renverser le plan d'enseignement, et qu'il fallait au contraire tâcher « d'alléger les études des élèves, dont tous les » momens étaient tellement remplis, que c'était » avec la plus grande difficulté que l'on parvien-» drait à leur donner quelques leçons d'histoire » naturelle. » Ces représentations étaient fondées, sans doute, mais on pouvait repousser par le même motif le projet de donner aux élèves des leçons d'histoire naturelle.

En opposition avec la loi et avec l'arrêté qui investissait l'Ecole Polytechnique du droit de fournir exclusivement des élèves aux écoles spéciales, on continua à en recevoir encore directement pour l'Ecole spéciale d'artillerie de Châlons, et cela malgré les plaintes du conseil de l'Ecole Polytechnique et des hommes influens qui s'intéressaient à la prospérité de cet établissement. C'était effectivement une question d'existence pour cette école, car elle se serait bientôt trouvée sans élèves, si les écoles spéciales avaient pu en recevoir directement, en se contentant d'exiger des candidats, ainsi que cela se pratiquait pour l'Ecole spéciale d'artillerie, des connaissances que l'on jugeait suffisantes, quoique moins étendues que celles qu'il fallait posséder pour être admis à l'Ecole Polytechnique.

L'Ecole spéciale d'artillerie reçut encore directement des élèves en avril 1799 (1), mais ce fut pour la dernière fois ; quelques-uns d'entre eux s'étaient présentés auparavant à l'Ecole Polytechnique et n'avaient pu y être admis, ce qui leur fut très-avantageux, puisqu'il en résulta qu'ils entrèrent dans l'artillerie au moins deux années plus tôt que s'ils étaient passés d'abord par l'Ecole Polytechnique. Ils furent successivement les anciens et les supérieurs des élèves de cette époque, qui, plus instruits qu'eux, avaient été admis à l'Ecole Polytechnique; on n'a, d'ailleurs, pas remarqué qu'ils leur aient été inférieurs dans le cours de leur carrière militaire.

La nouvelle loi d'organisation de l'Ecole Polytechnique, qui fut publiée le 16 décembre 1799, peu après le 18 brumaire, Laplace étant ministre de l'intérieur, créa un *conseil de perfectionnement* (2) qui se réunissait tous les ans pendant

---

(1) On n'exigea d'algèbre des candidats qui furent admis alors, que jusqu'aux équations du second degré, d'où il résulta que l'on donna dans l'artillerie le nom de *promotion du second degré* à cette promotion.

(2) Le conseil de perfectionnement fut d'abord composé du directeur de l'école, de quatre membres du conseil de l'école ; des deux

un mois, et qui était chargé de proposer les modifications qu'il lui semblerait utile d'apporter, non-seulement au système des études, mais même à l'organisation et à l'administration de l'école. On enleva ainsi au conseil de l'école ses principales attributions; ce conseil avait d'ailleurs cessé d'être un corps académique, par suite de la création de l'Institut national (25 octobre 1795), où ses membres les plus célèbres furent les premiers admis dans la classe des sciences physiques et mathématiques.

Les connaissances que l'on exigeait des candidats qui se présentaient pour être admis à l'Ecole Polytechnique, et l'instruction que l'on donnait aux élèves de cette école (1), semblaient être alors (1799) fixées d'une manière définitive;

examinateurs de mathématiques, des deux examinateurs pour la géométrie descriptive, la physique et la chimie, de trois membres de l'Institut national, pris dans la classe des sciences mathémathiques et physiques, et des officiers généraux ou agens supérieurs des services publics, qui devaient être présens aux examens de sortie. Le conseil de perfectionnement éprouva plusieurs fois depuis de légères modifications dans sa composition et dans ses attributions.

(1) On enseignait alors aux élèves de la première division (première année d'études) l'analyse, la géométrie descriptive, l'application de l'analyse à la géométrie descriptive, les élémens des machines, la physique, la chimie, le dessin topographique et le dessin de la figure; à ceux de la seconde division : l'analyse, la mécanique, la fortification, les travaux publics civils, les travaux des mines, l'architecture, la physique, la chimie, le dessin de la figure et le dessin du paysage.

néanmoins, excepté en ce qui concerne les mathématiques, on fit encore depuis cette époque jusqu'à ce jour des changemens qui ne furent pas sans importance, et l'on ajouta de nouveaux services publics à ceux auxquels elle fournissait déjà des sujets; enfin, la constitution de l'Ecole Polytechnique subit des changemens très-importans pendant le même laps de tems : je me réserve d'en parler lorsque j'examinerai cette institution sous le rapport politique. Presque tous ces divers changemens furent effectués sous le consulat et pendant les premières années de l'empire. Commençons par énumérer ceux qui étaient relatifs à l'instruction.

Peu après l'avènement de Buonaparte au consulat (1801), on astreignit les candidats à écrire sous la dictée de l'examinateur quelques phrases pour constater qu'ils savaient écrire lisiblement et correctement leur langue; puis (1804) on exigea qu'ils fissent l'analyse de ces phrases, et enfin, à dater de 1807, qu'ils pussent traduire un auteur latin en prose de la force de ceux que l'on explique en seconde et en troisième; on ajouta aussi au programme d'admission quelques notions de dessin.

Les professeurs d'analyse donnèrent, sur quelques parties des mathématiques transcendantes, des leçons qui n'étaient pas obligatoires, et sur lesquelles les examinateurs questionnaient pourtant ceux des élèves qui leur déclaraient avoir suivi ces leçons.

Le cours de *Statique chimique*, ou *Chimie transcendante*, que faisait Bertholet, disparut de l'enseignement en 1806.

Les cours de fortification, de travaux publics civils et des mines, que l'on considérait comme des applications de la géométrie descriptive, et qui empiétaient évidemment sur les travaux des Ecoles spéciales de l'artillerie, du génie, des ponts-et-chaussées et des mines; ces trois cours, dont chacun n'était d'ailleurs utile qu'à une partie des élèves, après avoir subi d'abord des retranchemens, furent enfin successivement supprimés, à l'exception, toutefois, du cours d'architecture, qui subsiste encore : en 1814, il n'en restait plus de traces.

Les lacunes laissées par ces suppressions étaient aussitôt remplies; on donna plus d'extension à l'étude des mathématiques transcendantes et à celle de la géométrie descriptive pure; on établit successivement des cours de grammaire et de belles-lettres, de dessin topographique, d'art militaire, de machines, de géodésie et d'arithmétique sociale.

Le cours d'art militaire fut supprimé au bout de quelques années d'existence, et celui de grammaire et belles-lettres fut remplacé par un cours d'histoire et belles-lettres. Enfin, la dernière ordonnance, relative à l'organisation de l'Ecole Polytechnique (30 octobre 1832), règle ainsi qu'il suit l'enseignement donné aux élèves par vingt-huit professeurs et répétiteurs :

Cours d'analyse ;

Cours de mécanique ;

Cours d'analyse appliquée à la géométrie descriptive ;

Cours de géométrie descriptive et ses applications ;

Cours de géodésie, topographie et machines ;

Cours d'arithmétique sociale ;

Cours de physique ;

Cours de chimie et manipulations ;

Cours d'architecture ;

Cours de composition française ;

Cours de langues allemande et anglaise ;

Exercices sur le dessin géométrique, le lavis, le dessin topographique, le dessin de la figure et du paysage au crayon et au lavis.

Aujourd'hui, d'après les programmes de l'enseignement de l'Ecole, arrêtés par le conseil de perfectionnement pour l'année scolaire 1834-

1835, les cours que doivent suivre les élèves sont les suivans :

Cours d'analyse (1re et 2e années).

Cours de mécanique (1re et 2e années).

Cours de géométrie descriptive et ses applications (1re année).

Cours d'analyse appliquée à la géométrie des trois dimensions (1re année).

Cours de machines (2e année).

Cours de géodésie (2e année).

Cours élémentaire de calcul des probabilités (2e année).

Cours de physique (1re année).

Cours de chimie et de manipulations (1re et 2e années).

Cours d'architecture (2e année).

Cours de composition française (1re année).

Cours de langue allemande (2e année).

Dessin topographique (1re et 2e années).

Dessin de la figure et du paysage (1re et 2e années).

A quoi il faut ajouter douze ou quinze leçons d'anatomie et de physiologie données aux heures des récréations, et qui ne sont point obligatoires.

Le nombre des services publics qu'alimentait l'Ecole Polytechnique s'accrut encore successivement, ainsi que je l'ai dit ; elle fournit des sujets pour la marine, l'artillerie de marine, l'état-major et l'infanterie, mais pas exclusivement et par exception seulement pour ce dernier service.

L'ordonnance citée précédemment s'explique ainsi qu'il suit sur le but de cette école :

« L'Ecole Polytechnique est spécialement des-
» tinée à former des élèves pour les services :

» De l'artillerie de terre et de mer,

» Du génie militaire et du génie maritime,

» De la marine royale et des ingénieurs hydrographes,

» Des ponts-et-chaussées et des mines,

» Des poudres et salpêtres,

» Du corps royal d'état-major (partie de géodésie) (1),

» Enfin pour les autres services publics qui
» exigeraient des connaissances étendues dans
» les sciences physiques et mathématiques, telles
» que l'enseignement même de ces sciences. »

Je reproduirai, pour compléter ce qu'il y a à dire sur ce sujet, un tableau qui se trouve dans l'*Annuaire de l'Ecole Polytechnique pour l'année* 1835 ; il fait connaître combien de sujets cette école a fournis, depuis sa fondation, pour les différens services publics qu'elle alimente en totalité ou en partie.

(1) Ce sont les ingénieurs-géographes.

TABLEAU *présentant le nombre d'élèves de l'École Polytechnique admis dans les services publics depuis la création de cette école jusqu'en 1834 inclusivement.*

DÉSIGNATION DES SERVICES.	antérieurement à 1834.	en 1834.	Total.
Artillerie de mer.	38	3	41
Artillerie de terre.	1,148	71	1,219
Etat-major.	11	3	14
Génie maritime.	86	2	88
Génie militaire.	563	40	603
Ingénieurs géographes.	95	»	95
Ingénieurs hydrographes.	3	»	3
Marine royale.	49	4	53
Mines.	76	2	78
Ponts-et-chaussées.	402	20	422
Poudres et salpêtres.	13	1	14
Administration des tabacs.	1	1	2
Troupe de ligne.	112	»	112
Totaux.	2,597	147	2,744

Je dois ajouter que l'enseignement, dans les diverses écoles spéciales, subit aussi quelques changemens lorsque ceux qui avaient été faits dans l'enseignement de l'Ecole Polytechnique le rendaient nécessaire.

Après avoir examiné l'Ecole Polytechnique depuis sa fondation jusqu'à ce jour, en ce qui concerne son organisation, son administration, l'instruction exigée pour y être admis, et celle que recevaient ses élèves, il me paraît indispensable d'ajouter quelques détails sur la manière dont on y exécutait ce qui était relatif à l'instruction, car c'est particulièrement sur de telles matières qu'on peut, selon l'esprit dans lequel sont exécutés les règlemens, obtenir des résultats très-différens les uns des autres.

Ayant été élève de l'Ecole Polytechnique pendant les années 1801 et 1802, je n'aurai guère besoin que de rappeler mes souvenirs.

On a vu qu'on exigeait plus de connaissances mathématiques pour être admis à l'Ecole Polytechnique, qu'on n'en exigeait auparavant pour l'être dans les écoles spéciales ; cette plus grande difficulté d'admission était encore augmentée par la proscription de fait d'un auteur si généralement suivi jusqu'alors, qu'on se contentait d'indiquer aux candidats le nombre de ses livres sur lesquels ils devaient répondre, auteur d'une clarté et d'une pureté de style qui n'a pu être égalée et qui l'a rendu le meilleur modèle à imiter pour ceux qui veulent écrire sur les mathématiques. Un tel éloge désigne suffisamment Bezout ; il n'était pas proscrit par les programmes, mais il l'était de fait par les examinateurs, puisque nul candidat n'aurait été admis s'il eût donné les méthodes de Bezout.

On prétendait que ses démonstrations, particulièrement en géométrie, n'étaient pas assez rigoureuses ; on le blâmait, autant qu'il puisse m'en souvenir, d'employer les *infiniment petits*, et dans le calcul différentiel on peut difficilement s'en passer. En définitive, les nouvelles méthodes, plus rigoureuses peut-être, ce qui pouvait causer une satisfaction stérile, conduisaient plus longuement et plus difficilement aux mêmes résultats. Si donc on n'eût pas proscrit Bezout, ces nouvelles méthodes et les ouvrages où elles étaient consignées n'auraient guère été connus que de quelques savans ; cet état de choses, comme on le pense bien, subsiste encore ; Bezout est toujours à l'index.

Ce n'en est pas moins l'auteur que je conseillerais aux jeunes gens qui ne se destinent point à l'Ecole Polytechnique, mais qui veulent pourtant apprendre ce qu'il est nécessaire de savoir de mathématiques pour compléter leurs études.

Je note en passant que les candidats admis à l'Ecole Polytechnique l'ont toujours été par suite d'un seul examen oral d'environ une heure ; on conçoit combien un procédé aussi expéditif doit entraîner d'erreurs dans leur classement par ordre de mérite.

J'ai fait connaître successivement les changemens survenus dans l'enseignement de l'école, en ce qui concerne les cours que suivaient les élèves, mais je n'ai parlé ni du nombre de leçons consacré à chaque cours, ni de la manière dont le tems était distribué entre les diverses parties de l'enseignement.

Il y eut beaucoup de variations à cet égard dans les premières années de l'école ; chaque professeur voulait donner de l'extension à son cours et obtenir que l'on augmentât le tems que les élèves consacraient à l'étude de ce qu'il enseignait ; la création du conseil de perfectionnement atténua ces abus, dont les élèves, surchargés de travaux, étaient les victimes. Ce fut d'ailleurs à l'étude des mathématiques transcendantes que les élèves durent toujours consacrer le plus de tems, et ensuite à cette partie de la géométrie descriptive, qui est purement spéculative.

Fourcroy, professeur de chimie à l'Ecole Polytechnique, adressa, en 1802, une réclamation au conseil de perfectionnement, relativement à cette faveur accordée à l'enseignement des mathématiques, et quoiqu'il fût alors directeur de l'instruction publique, on n'y fit pas droit. « Les mathématiques, écrivait-il à ce
» conseil, ne devraient pas, malgré leur impor-
» tance, occuper les élèves pendant les deux
» tiers de leur tems. Le tiers qui leur reste pour
» les autres sciences, et surtout pour la physique
» et la chimie, est insuffisant pour leur en ap-

» prendre même les élémens..... Le but de l'an-
» cienne école, ajoute-t-il plus loin, n'est plus
» rempli, on sacrifie trop de choses aux mathé-
» matiques, et il est à craindre que l'opinion
» ne continue à regarder celles-ci comme le vé-
» ritable objet des études de l'école. » Il termine
sa lettre par en demander l'insertion dans les
registres du conseil, « afin, dit-il, qu'elle puisse
» me servir quelque jour à prouver que j'ai
» réclamé contre cet arrangement, qui ne me
» paraît pas aussi avantageux qu'il aurait pu
» l'être à l'avancement des élèves et aux notions
» qu'ils doivent acquérir de l'utilité respective
» des sciences qu'on leur enseigne. »

De mon tems (1801 et 1802), les élèves déclaraient, avant de subir leur examen d'admission (1), à quelle partie des services publics ils se
destinaient, et l'ordre dans lequel ils préféraient
s'attacher à l'un de ces services, s'il n'y avait pas de
places dans celui qu'ils demandaient. Mais comme
la plupart des candidats demandaient les services
civils, pour lesquels il y avait beaucoup moins
d'emplois que pour l'artillerie et le génie mili-

(1) On exigeait alors, pour être admis à l'Ecole Polytechnique :
1° l'arithmétique ; 2° l'algèbre, y compris la composition des équations et le binôme de Newton ; 3° la géométrie élémentaire, y compris la trigonométrie et l'usage des tables de logarithmes ; 4° les pro-
priétés principales des sections coniques ; 5° la mécanique statique.

taire, il en résultait que la plupart des élèves désignés pour suivre ces deux carrières ne les prenaient que comme un pis-aller. Quant à moi, des exemples de famille me faisant préférer la carrière des armes, je demandai l'artillerie.

Les élèves étaient astreints à porter une redingote uniforme bleue, garnie de boutons en cuivre, autour desquels était écrit : *Ecole Polytechnique* ; ils se procuraient les autres parties de l'habillement à leur choix.

On entrait à l'école à huit heures du matin, et l'on en sortait à deux heures ; on y rentrait à cinq heures, pour en sortir à huit heures du soir. On faisait deux appels par jour, l'un à huit heures du matin, l'autre à cinq heures du soir.

A la fin de chaque année scolaire, les élèves subissaient des examens à la suite desquels ils étaient classés par ordre de mérite ; plus tard on fit entrer dans la balance, pour faire ce classement, les notes que l'on avait prises dans le courant de l'année sur les travaux de chacun d'eux.

C'était l'examen sur les mathématiques (1) qui

---

(1) On faisait alors à l'École Polytechnique les cours suivans : 1° en mathématiques transcendantes des cours d'analyse, comprenant le calcul différentiel et le calcul intégral, de mécanique et d'hydrodynamique, d'application de l'analyse à la géométrie descriptive: 2° des cours de géométrie descriptive avec ses applications à la coupe des pierres, à la charpente, aux ombres, à la perspective, à

décidait seul de leur sort; s'il était bon, ils avaient la certitude de sortir de la division dont ils venaient de suivre les cours, quels que fussent leurs autres examens; s'il était décidément mauvais, ils échouaient, lors même que tous leurs autres examens eussent été bons, et ils devaient ou rester encore une année dans la division dont ils venaient de suivre les cours, ou quitter l'école s'ils avaient déjà suivi pendant deux années les cours de l'une des deux divisions. Les examens sur les autres parties de l'enseignement entraient seulement dans la balance pour leur faire obtenir un rang plus ou moins favorable, et c'était l'examen sur la géométrie descriptive dont on tenait le plus de compte.

Il résultait de cet état de choses que la plupart des élèves consacraient la plus grande partie de leur tems à l'étude des mathématiques, se tenaient au courant de la géométrie descriptive et en faisaient exactement les épures, et qu'ils négligeaient tout le reste. Ce fut aussi ce que je fis, malgré l'ennui et la fatigue que me causait

la géométrie, au lavis, à la géographie et à la gnomonique; 3° des cours de fortification, des travaux publics, d'architecture et des mines, considérés tous les quatre comme des applications de la géométrie descriptive; 4° des cours d'élémens de chimie, de chimie appliquée aux arts, de chimie expérimentale et de manipulations, et enfin des cours de physique.

cette étude opiniâtre des mathématiques ; mais il y avait nécessité, ma capacité pour le travail ne me permettant pas de consacrer une partie de mes nuits à l'étude, ainsi que le faisaient beaucoup d'élèves ; je suivis même des leçons du *calcul des variations* et du calcul *aux différences finies*, qui n'étaient point obligatoires.

Les résultats furent tels que je pouvais le désirer : je ne restai qu'une année dans chacune des divisions, et mes examens me procurèrent un fort bon rang pour passer de la première division à la seconde, et de la seconde à l'Ecole d'application de l'artillerie et du génie. Depuis cette époque, l'examen des mathématiques a perdu un peu de l'influence décisive qu'il exerçait alors sur le sort des élèves ; néanmoins, c'est encore le plus important de beaucoup.

Quoique les élèves demeurassent en ville, ils se rendaient dans les salles de l'école aux heures indiquées, avec une grande exactitude, et s'y livraient à l'étude avec beaucoup de zèle ; la plupart travaillaient aussi chez eux le matin, pendant une partie de la soirée et souvent de la nuit : il y avait sans doute quelques exceptions, mais elles étaient rares.

Un mois avant de commencer les examens, l'enseignement cessait, et les élèves employaient ce tems à repasser tout ce qui leur avait été enseigné. On les autorisait alors à quitter leurs salles d'études pour se placer dans des lieux isolés, où ils éprouvaient moins de distraction : ils s'établissaient dans les amphithéâtres destinés aux cours, dans les salles de manipulation, dans les greniers, sous les escaliers, etc., et quelques-uns restaient dans les salles d'étude.

C'était alors qu'ils se livraient le plus opiniâtrément à l'étude; aussi, à cette époque des examens, avaient-ils un aspect tout-à-fait maladif, et plusieurs d'entre eux, par raison de santé, se trouvaient hors d'état de les subir. Ce fait se trouve constaté dans un rapport du directeur de l'Ecole, adressé en 1801 au conseil de perfectionnement. « Les maladies, dit-il, se sont mul» tipliées sur la fin de l'année, et l'excès du tra» vail, aux approches des examens, a ôté à un » très-grand nombre la faculté de les subir à leur » avantage. »

Pour que ces jeunes élèves, libres dans une capitale qui offre tant de sujets de distraction, se livrassent à l'étude avec cette opiniâtreté et cette persévérance, il fallait qu'ils fussent excités par de puissans motifs.

Tous se proposaient d'éviter de servir comme soldats, ainsi que tous les Français y étaient alors contraints, et presque tous voulaient se créer une carrière. On conçoit avec quelle ardeur des jeunes gens dont les familles n'avaient aucune fortune, ou n'en avaient qu'une médiocre, et c'était alors le plus grand nombre, dont quelques-uns même appartenaient aux dernières classes de la société; on conçoit, dis-je, avec quelle ardeur ils embrassaient cet avenir qui leur promettait une existence assurée, avec des chances d'accroissement de fortune et un rang honorable dans la société. A ces puissans motifs il faut ajouter la crainte de prolonger ce supplice inoui, auquel les condamnait la nécessité de se livrer à des travaux au dessus de leurs forces.

J'ose le dire, les deux années que j'ai passées à l'Ecole Polytechnique m'ont laissé, sous ce rapport, de pénibles souvenirs.

Je me rappelle à ce sujet qu'ayant été le seul élève de l'Ecole qui ne voulût pas signer une adresse des élèves au premier consul, adresse sollicitée par leurs chefs, il en résulta pour moi de vifs désagrémens.

Le premier consul menaçait alors l'Angleterre d'une descente, et n'ayant pas assez d'ingénieurs-constructeurs de vaisseaux pour diriger la construction de cette grande quantité de péniches et de bateaux plats qui lui étaient nécessaires pour exécuter cette entreprise, il ordonna d'employer à cette construction trente élèves de l'école choisis parmi ceux qui se trouvaient dans la seconde division, en les prenant par la tête de chacune des listes que l'on établissait par ordre de mérite pour chaque service. Ces trente élèves non-seulement furent dispensés, après ce service extraordinaire, de subir leurs examens pour être admis dans les écoles spéciales des services publics auxquels ils se destinaient, mais il fut décidé qu'ils seraient placés dans ces écoles à la tête des promotions de leurs services respectifs. Quinze de ces trente élèves furent pris parmi ceux qui se destinaient à l'artillerie, et quoique je fusse le quatrième, je fus exclus parce que j'avais refusé de signer l'adresse dont j'ai parlé plus haut ; il en fut de même pour le tour du premier de la promotion, auquel on reprochait d'avoir négligé de se tenir au courant de ses travaux.

Par suite du chagrin que me causa ce passe-droit, de la fatigue des travaux de la fin de l'année, de la crainte d'être renvoyé de l'école, ma santé se trouva altérée, peu avant mes examens, de manière à me faire craindre de ne pouvoir les subir. J'éprouvais particulièrement des étourdissemens et des maux de tête ; on me conseilla de combattre ce malaise en essayant de me distraire. J'errai donc à pied dans les environs de Paris, et je pus ensuite subir mes examens ; le résultat en fut heureux, puisque je fus classé le troisième d'une promotion qui était encore de plus de cinquante élèves.

Il est sans doute dans l'esprit de la loi que de jeunes élèves qui n'ont pas encore atteint leur majorité ne puissent se permettre aucune manifestation qui ait rapport à la politique ; mais il serait à désirer qu'elle s'expliquât formellement à cet égard, afin que leurs chefs, par intérêt ou par crainte, ne se permissent jamais de solliciter d'eux de telles démarches.

J'ai raconté ce que j'ai vu et éprouvé pendant les deux années que j'ai passées à l'Ecole Polytechnique pour faire connaître dans quel esprit étaient exécutés les règlemens relatifs à l'instruction ; j'ajouterai quelques détails et quelques réflexions sur les causes des progrès, réels ou fictifs, des élèves dans les mathématiques transcendantes et sur l'utilité qu'ils devaient tirer de cet enseignement dans l'exercice des fonctions auxquelles ils se destinaient, toujours en m'appuyant sur ce que j'ai vu, sur ce que j'ai éprouvé et sur ce que j'ai recueilli dans mes conversations avec plusieurs de mes anciens camarades :

je le crois utile pour motiver une partie des réflexions par lesquelles je terminerai cet écrit.

Nous avons vu qu'à la formation de l'Ecole des Travaux publics, qui fut bientôt transformée en Ecole Polytechnique, on avait choisi pour remplir les emplois de professeurs les hommes qui avaient le plus de célébrité dans les diverses sciences qui étaient l'objet des cours; on a constamment suivi la même marche jusqu'à ce jour, du moins en ce qui concerne les sciences exactes, et l'usage s'est établi que le plus célèbre a en quelque sorte droit à un emploi de professeur à l'Ecole Polytechnique. Cela est sans doute dans l'intérêt de la célébrité de l'école et dans l'intérêt des sciences, mais cela n'est pas toujours dans l'intérêt des élèves, car on peut être et le plus célèbre dans une science et un très-mauvais professeur; on en pourrait citer beaucoup d'exemples, il n'en manquait pas pendant que j'étais à l'école.

Je dois pourtant ajouter qu'en ce qui concernait les mathématiques, il n'y avait pour ainsi dire aucun inconvénient à avoir de mauvais professeurs, mais qu'il n'en était pas ainsi relativement aux autres sciences, et la raison, c'est que les leçons orales de mathématiques ne profitaient à presque personne; il suffisait, en effet, sur des matières aussi ardues, où tout se tenait comme les anneaux d'une chaîne, qu'on cessât un instant de comprendre le professeur pour que tout ce qui suivait devînt inintelligible. Pour mon compte, les leçons de mathématiques de l'école m'ont toujours été complètement inutiles; il était pourtant possible que quelques esprits plus pénétrans profitassent de ces leçons, mais c'était, assurément, le plus petit nombre.

On n'apprenait les mathématiques qu'en pâlissant sur les livres, et lorsqu'enfin on ne pouvait parvenir à comprendre un passage, on avait recours au chef de brigade, ou à ceux des élèves de la brigade qui redoublaient l'année, s'il s'en trouvait; ces derniers étaient généralement moins capables que ceux qui les consultaient, mais ils avaient la tradition des passages difficiles. Quelquefois, aussi, l'on se consultait les uns les autres, car vous aviez compris un passage sur lequel votre camarade venait vous consulter, et lui en comprenait un autre que vous n'aviez pu comprendre : c'était une sorte d'enseignement mutuel volontaire. En définitive, on finissait par comprendre ou par croire que l'on comprenait, et par apprendre jusqu'aux réponses aux objections.

Toutefois, c'était avec mesure que l'on demandait des éclaircissemens aux chefs de brigade et à ses camarades, dans la crainte d'être importun ; l'amour-propre aurait d'ailleurs été blessé de recourir trop souvent à de tels secours, et ce n'était ordinairement, ainsi que je l'ai dit, qu'après avoir pâli sur ses livres qu'on s'y décidait.

La géométrie descriptive présentait moins de difficultés, aussi ai-je souvent profité aux leçons de géométrie descriptive de Monge, qui, d'ailleurs, n'était pas un professeur ordinaire. Je me souviens qu'après avoir expliqué sur le tableau le point le plus difficile d'une épure, il se retournait ordinairement, et fixait sur son auditoire ses yeux perçans recouverts d'un sourcil épais, pour tâcher de deviner si on l'avait compris ; s'il s'apercevait que non, « je vois, disait-il, que je n'ai pas été compris, » et il recommençait son explication avec de nouveaux développemens : je l'ai vu répéter ainsi jusqu'à trois fois la même explication. Voilà comment on professe ces sortes de sciences, au lieu de débiter sa leçon tout d'une haleine pour avoir plus tôt fini, comme un écolier une leçon de catéchisme.

Quoique les leçons de géométrie descriptive fussent plus fructueuses que celles de mathématiques transcendantes, c'était pourtant encore au moyen de cette sorte d'enseignement mutuel dont j'ai parlé, que l'on faisait le plus de progrès ; il m'est arrivé plusieurs fois d'expliquer ainsi des épures à mes camarades ou de leur en demander l'explication.

La géométrie descriptive est l'art de représenter les objets en les projetant sur des plans, que pour plus de simplicité et de clarté l'on choisit ordinairement horizontaux et verticaux, et au moyen de coupes de ces objets par des plans verticaux. Les dessins que l'on obtient ainsi s'apellent *épures*, et ce genre de dessin s'appelle *dessin géométrique*. La connaissance des premières notions de la géométrie élémentaire suffit pour se livrer à cette étude ; aussi exige-t-on actuellement des candidats qui se présentent pour l'Ecole Polytechnique, aussi bien que de ceux qui se présentent pour l'Ecole de Saint-Cyr, qu'ils expliquent quelques-unes des épures les plus faciles, et l'on donne aux sous-officiers, dans les régimens de l'artillerie et du génie, quelques notions de géométrie descriptive.

L'expression *géométrie descriptive* a été employée pour la première fois à l'Ecole Polytechnique, mais si elle était nouvelle, ce qu'elle exprime n'était pas nouveau ; en effet, la perspective, la détermination des ombres, la coupe des pierres, l'architecture, etc., que l'on considère comme des parties ou comme des applications de la géométrie descriptive, ne datent pas d'hier. Ainsi, par exemple, les architectes font depuis un tems immémorial les plans des différens étages des bâtimens qu'on les charge de construire, cela s'appelle, en géométrie descriptive, des projections sur un plan horizontal; ils font des élévations pour faire connaître comment seront les façades, cela s'appelle une projection sur un plan vertical; ils font, enfin, des coupes dans le sens de la longueur et dans le sens de la largeur, suivant des plans verticaux.

Monge, qui était un homme de génie, eut le mérite de réunir en corps de doctrine ce qui était épars.

Mais enfin, dira-t-on, de quelle utilité vous a été ce que vous avez appris à l'Ecole Polytechnique? c'est une question à laquelle il me sera facile de répondre; commençons par les mathématiques transcendantes.

Dans ma carrière d'officier d'artillerie, je n'ai jamais trouvé une seule occasion de m'en servir, et l'on pense bien que je ne m'en suis jamais occupé comme délassement; aussi les ai-je si complètement oubliées que j'ai été obligé de consulter un de mes anciens camarades, livré à l'enseignement, pour qu'il me rappelât le nom de ces parties des mathématiques qu'on nous avait enseignées. Ce que j'ai éprouvé, ceux de mes camarades qui ont suivi la même carrière que moi, l'ont éprouvé aussi et, si j'en juge par les renseignemens que j'ai recueillis, je présume qu'il en a été de même dans les autres carrières qu'alimente l'Ecole Polytechnique ; c'est une conséquence de ce que ces parties élevées des mathématiques ne reposent que sur des abstractions et que sur des hypothèses, et ne présentent aucune application dans la pratique, excepté peut-être en astronomie, science qui repose elle-même en partie sur des hypothèses.

Je rapporterai à ce sujet une discussion qui s'éleva dans l'une des séances d'un conseil de perfectionnement, sous la restauration.

Laplace, qui en était membre, émit l'opinion que l'on enseignait trop de mathématiques aux élèves, et il développa les motifs de cette opinion, mais il ne soutint pas la discussion ; il se borna en définitive à demander, ainsi qu'il disait l'avoir déjà fait plusieurs fois, que le programme des cours de mathématiques transcendantes que l'on devait faire aux élèves, fût enfin arrêté d'une manière positive, afin que ces cours ne subissent plus de variations, et cela fut décidé.

On traita ensuite d'autres questions, et la séance paraissait terminée, lorsqu'un officier-général du génie, qui siégeait à ce conseil, déclara qu'il partageait l'opinion de M. De Laplace, et il ajouta qu'il n'avait jamais trouvé l'occasion de faire l'application de ces parties élevées des mathématiques que l'on enseignait à l'Ecole Polytechnique; puis s'adressant successivement aux officiers-généraux et aux chefs de service qui siégeaient avec lui, il leur demanda si dans le cours de leur carrière ils avaient trouvé à faire de telles applications, et chacun d'eux fit une déclaration semblable à la sienne. Il semblerait qu'une unanimité si imposante aurait dû avoir quelques résultats, mais il n'en fut rien ; on continua à bourrer les élèves de mathématiques transcendantes comme par le passé.

Il fallait, pourtant, justifier l'enseignement des mathématiques transcendantes et l'accroissement que l'on donna successivement à cet enseignement; on en donna toujours pour motif, *que cette étude exerçait l'esprit et la sagacité des élèves, et les rendait capables de saisir toutes les applications dont ils pourraient être char-*

gés par la suite : nous examinerons plus tard cette assertion.

La dernière fois que je me livrai à ce genre d'études, ce fut à l'Ecole d'application de Metz où l'on faisait un cours d'analyse appliqué aux machines; je me rappelle seulement qu'aucun des résultats obtenus n'était d'accord avec ceux de l'expérience. Ainsi l'on trouva que le canon qui porterait le plus loin devrait avoir plusieurs lieues de long; ce qui, ainsi que le professeur le faisait très-bien observer, n'était pas d'accord avec l'expérience. Depuis cette époque, un mur d'airain s'est élevé entre moi et les mathématiques transcendantes.

Puisque j'ai prononcé le nom de l'Ecole de Metz (1), je consacrerai quelques lignes à en faire l'éloge ; l'instruction théorique et pratique que l'on donne aux élèves y est très-bien entendue ; c'est là que commencent à se former ces officiers qui jouissent dans l'armée française , et je ne craindrai pas de le dire, en Europe , d'une réputation méritée; les traditions entretenues dans les armes du génie et de l'artillerie, comme le feu sacré, font le reste.

(1) Les écoles spéciales de l'artillerie et du génie, séparées d'abord, étaient à Châlons et à Mézières; on réunit ces deux écoles le 4 octobre 1802, en une seule, que l'on établit à Metz.

On s'est d'ailleurs fixé en France à ce qu'il y avait de mieux : la réunion des écoles, la séparation des armes; toutefois mon opinion sur la séparation de ces armes n'est point absolue, mais relative à leur organisation en France.

De toutes les sciences que l'on m'a enseignées à l'Ecole Polytechnique, la géométrie descriptive est celle dont il m'est resté le plus, et j'ai trouvé plusieurs fois à en faire des applications (1); cela se conçoit, puisque les résultats de l'étude de cette science sont d'apprendre à représenter les objets au moyen de projections, et de vous faire contracter l'habitude de comprendre les dessins au moyen desquels les ingénieurs, les architectes, etc., font connaître leurs projets avec assez de détails pour que l'on puisse les faire exécuter; ce genre de connaissances peut être utile dans toutes les situations sociales.

On conclura de ce que je viens de dire de la géométrie descriptive, que j'ai conservé quelque habitude du dessin géométrique, quoique j'aie rarement eu l'occasion de l'employer.

Le dessin de la figure et de la bosse, qui n'aurait pu me servir que de délassement, ne m'a

(1) Dernièrement encore, pour faire les planches d'un ouvrage que j'ai publié.

pas été plus utile que les mathématiques transcendantes ; j'ai totalement oublié le peu que l'on m'en avait appris : je pense qu'il serait préférable d'exercer les élèves à mettre en perspective les objets qu'ils représentent, au moyen des projections, pour en compléter l'intelligence.

Je ne parle pas des dessins au lavis dont on se sert pour les levées sur le terrain, les levées de bâtimens, d'usines ou de machines; c'était à l'Ecole de Metz qu'on se livrait à ces travaux, tous utiles à toutes les espèces d'ingénieurs, et l'on en exécute d'analogues dans les écoles spéciales des autres services publics.

Je ne me suis pas occupé une seule fois de physique depuis que je suis sorti de l'Ecole; il m'en est pourtant resté à peu près autant que les gens du monde doivent en savoir quand ils ont fait des études complètes; c'est-à-dire que j'ai encore quelques notions vagues ou générales, si l'on veut, des principaux phénomènes, tels, par exemple, que celui de l'électricité.

Quant à la chimie, je l'ai, pour ainsi dire, complètement oubliée, et lors même qu'il en serait autrement, je n'en serais guère plus avancé, car on m'assure que les chimistes sont parvenus à décomposer beaucoup de substances que l'on croyait simples de mon tems, et qu'ils ont fait de tels changemens dans les noms, que leur langage serait inintelligible même pour une personne qui aurait mieux profité que moi des leçons de Fourcroy, de Bertholet et de Guyton de Morveau, ou qui ne les aurait pas oubliées.

Toutefois, les élèves distingués de l'Ecole Polytechnique retiraient un avantage particulier de ce travail excessif, auquel ils s'étaient livrés en étudiant les mathématiques transcendantes, c'était d'avoir acquis la persuasion qu'ils pouvaient apprendre presque tout sans maître, avec le seul secours des livres; mais les moins capables en étaient accablés.

Il me reste à parler des changemens survenus dans l'organisation et dans l'administration de l'Ecole Polytechnique, depuis la fin de l'année 1799, jusqu'à ce jour.

L'Ecole Polytechnique, considérée sous le point de vue politique, fut d'abord une institution démocratique, puisque tous les jeunes gens, sans exception, pouvaient se présenter aux examens d'admission, que l'on n'exigeait d'eux d'autres connaissances que celles d'une partie des mathématiques élémentaires, que l'on enseignait gratuitement les mathématiques dans les écoles centrales (1), et que les élèves de l'école recevaient des appointemens.

Il n'y avait pourtant encore qu'un bien petit nombre de parens, appartenant tout-à-fait aux dernières classes de la société, qui pussent faire suivre à leurs enfans les cours des écoles centrales, et d'abord cela n'était évidemment possible qu'à ceux qui habitaient le chef-lieu du département; encore, aurait-il fallu qu'ils pussent entretenir leurs enfans sans les employer à des travaux lucratifs, et la plupart ne l'auraient pu; mais c'était le seul obstacle qui pût les empêcher d'entreprendre de les lancer dans les carrières qui exigeaient de l'instruction.

On remarquera, d'ailleurs, que c'est toujours l'habitant des campagnes qui profite le moins des dépenses que font les gouvernemens pour mettre l'instruction à la portée de toutes les classes de la société, quoiqu'il contribue le plus aux

(1) Les écoles centrales furent fondées par une loi du 25 octobre 1795; on payait vingt francs par an pour en suivre les cours; mais en se déclarant indigent on ne payait rien. Je le sais pour avoir été contraint de réclamer ce privilége en l'an VIII (1799), lorsque je suivais un cours d'histoire ancienne à l'école centrale de Rouen. J'y remportai le premier prix d'histoire ancienne, et comme mes habits n'étaient guère en meilleur état que ma bourse, on me prêta ceux de l'un de mes camarades pour que je pusse paraître décemment à la distribution des prix. On me donna en prix une *Histoire de l'Amérique*, par Robertson, que j'ai encore.

aux charges publiques. La nécessité fixe irrévocablement le sort du journalier, qui est adonné à la culture de la terre, soit qu'il possède une chaumière et quelques morceaux de terre, soit qu'il ne possède rien ; il est destiné, lui et sa postérité, à mener le même genre de vie ; les exceptions sont si rares, qu'elles confirment la règle.

On ne peut, en définitive, dans un grand pays tel que la France, donner aux dernières classes de la société d'autre instruction d'une manière générale que l'instruction primaire ; c'est à quoi l'on est parvenu dans quelques états de l'Europe. Mais je m'aperçois que je m'écarte de mon sujet, je me hâte d'y revenir.

L'administration de l'école fit dresser, en 1799, un tableau de la situation de fortune des élèves, qui fit connaître que 160 étaient sans fortune, 35 présumés dans l'aisance, et 39 présumés riches ; sur les 160 qui étaient sans fortune, il y en avait plusieurs qui appartenaient tout-à-fait aux dernières classes de la société.

Une très-grande partie des élèves était alors animée de sentimens démocratiques très-prononcés, ce qui était une conséquence des règlemens constitutifs de l'école, et de l'influence qu'exerçaient sur les élèves leurs chefs et leurs professeurs.

Le guerrier qui s'empara alors des rênes du gouvernement de la France, était trop éclairé pour ne pas modifier ces règlemens, afin de les mettre, autant qu'il se pourrait, en harmonie avec le genre de gouvernement qu'il voulait établir; aussi, peu de tems après s'être fait proclamer empereur, changea-t-il entièrement l'organisation de l'Ecole Polytechnique, en ce qui concernait l'administration et la police de cet établissement.

Il substitua le régime militaire au régime pour ainsi dire paternel qui régissait les élèves. La direction de l'école fut confiée à un gouverneur qui eut sous ses ordres, pour le seconder et pour le suppléer, un commandant en second, directeur des études.

Les élèves portèrent un uniforme et furent casernés (1). Ils formèrent un bataillon de quatre compagnies, armées comme l'infanterie; un chef de bataillon commandait ce bataillon, deux capitaines et deux lieutenans commandaient les compagnies; un quartier-maître tenait la comptabilité. Une partie des heures consacrées au re-

(1) Le décret qui ordonne ces changemens est du 16 juillet 1804. Dès le mois d'août, le gouverneur entra en fonctions, mais les élèves ne furent casernés que le 11 novembre 1805, parce que le collége de Navarre, où on les installa, ne fut prêt à les recevoir qu'à cette époque.

pos le fut dorénavant à des exercices militaires, particulièrement à ceux de l'infanterie.

Les élèves conservèrent d'abord leurs appointemens, mais ces appointemens furent bientôt supprimés, et ils durent, au contraire, payer une pension de 800 fr. et se procurer un trousseau, ainsi que les livres et les instrumens qui leur étaient nécessaires; quelques bourses furent accordées pour les élèves sans fortune.

Le gouverneur fut seul chargé de ce qui concernait la police, la discipline et les exercices militaires; il avait pour le seconder les officiers dont je viens de parler; il accordait les permissions et les congés, mais ne pouvait faire renvoyer un élève qu'en sollicitant une décision du ministre de la guerre; il présidait les conseils et les jurys, et sa voix était prépondérante; il proposait les officiers destinés à commander les élèves; il nommait et révoquait les instituteurs, les examinateurs et les agens de l'Ecole, en se conformant au mode prescrit par la loi de 1799.

Le conseil de perfectionnement fut maintenu; il ne fut rien changé à sa composition ni à ses attributions.

Ces divers changemens, envisagés dans leur ensemble, étaient, en quelque sorte, une conséquence de ceux que Napoléon avait précédemment apportés au mode d'instruction de la jeunesse. Il avait supprimé les écoles centrales, où l'on recevait une instruction gratuite, et créé des lycées où l'on payait pension. En ce qui concerne l'armée, il avait permis le remplacement et avait créé une École militaire pour l'infanterie et la cavalerie, d'où l'on sortait sous-lieutenant, tandis que sous la république on ne devenait officier qu'en commençant à servir comme soldat.

A la fin de 1806, le conseil de perfectionnement décida que les élèves entrant, après avoir déclaré le service auquel ils se destinaient, désigneraient subsidiairement tous les autres services dans l'ordre suivant lequel ils désiraient y être placés, s'ils ne pouvaient obtenir celui qu'ils avaient demandé; qu'à la fin de la seconde année d'études, ils seraient classés dans une liste générale, par ordre de mérite, résultant des examens de sortie, et qu'ils n'obtiendraient le service auquel ils se destinaient que si leur rang permettait de le leur donner. Mais comme les services civils furent toujours les plus recherchés, il en résultait que l'on plaçait, faute d'emplois, une partie de ceux qui les avaient demandés dans l'artillerie et dans le génie : cet état de choses subsiste encore.

On se souvient que jusqu'alors les élèves avaient été classés définitivement dans les services auxquels ils se destinaient, dès leur entrée à l'Ecole Polytechnique. Si quelques-uns d'entre eux avaient été désignés contre leur gré pour les armes de l'artillerie et du génie, ils n'en fixaient pas moins leurs regards sur l'école spéciale de ces deux armes, où devait s'ouvrir pour eux la carrière à laquelle ils étaient destinés. Aujourd'hui, il y a concours pour ne pas entrer dans l'artillerie et dans le génie, et c'est le cœur navré de douleur de n'avoir pu obtenir le service civil qu'ils désiraient, qu'une partie des élèves se rend à lécole spéciale de l'artillerie et du génie.

On a adopté et maintenu une mesure aussi nuisible, parce qu'elle est le moyen le plus puissant de contraindre les élèves à travailler encore plus qu'ils ne le faisaient auparavant. Ils sauront donc un peu mieux ces mathématiques transcendantes, qu'ils doivent bientôt oublier complètement, qui sont d'une entière inutilité dans la carrière qu'ils vont embrasser, et ils auront peut-être altéré une santé qui devrait-être très-robuste, pour qu'ils pussent supporter les fatigues de la guerre, telle qu'on l'a faite dans ces dernier tems.

Appelez dans la noble carrière de Vauban et

de Gribauval des hommes de vocation, ce seront toujours les meilleurs officiers.

Pendant le cours de son règne, Napoléon donna, à plusieurs reprises, des emplois de sous-lieutenant dans l'infanterie à des élèves de l'Ecole Polytechnique, et il fit envoyer à l'Ecole spéciale de l'artillerie et du génie plusieurs promotions dont les élèves n'étaient pas restés deux ans à l'Ecole Polytechnique, et n'avaient pas, par conséquent, achevé d'en suivre les cours.

Il décida, par décret du 30 août 1811, qu'à l'avenir l'Ecole Polytechnique ne fournirait plus de sujets pour l'artillerie, qu'on les tirerait tous de l'Ecole militaire de Saint-Cyr, du prytanée de La Flèche et de tous les lycées de l'empire. Je crois devoir rapporter les principales dispositions de ce décret, que dicta Napoléon lui-même, et dans lequel il prescrit les parties du cours de Bezout que l'on exigeait lorsqu'il entra dans l'artillerie (1).

Désormais, y est-il dit, l'artillerie ne tirera

---

(1) Lorsque Napoléon entra dans l'artillerie, en 1785, il n'y avait plus d'école spéciale pour cette arme. Celle de Bapaume avait été supprimée en 1772, et avait été remplacée par six places d'élèves dans chacune des sept écoles régimentaires; l'assemblée nationale rétablit l'Ecole spéciale d'artillerie par décret du 14 décembre 1790. Ainsi Napoléon a été à l'Ecole militaire de Paris, mais n'est passé par aucune école spéciale d'artillerie.

ses élèves que de l'Ecole militaire de Saint-Cyr, du prytanée de La Flèche et de tous les lycées de l'empire. — Les élèves de Saint-Cyr qui pourront répondre sur le premier volume du cours de mathématiques de Bezout seront notés pour le service de l'artillerie ; on les appliquera alors plus particulièrement à l'étude des mathématiques et au service de l'artillerie ; la seconde année, ils seront examinés sur le deuxième volume du même cours, et ils entreront sur-le-champ dans les régimens d'artillerie avec le grade de lieutenant en second. — Les élèves du prytanée de La Flèche et des lycées seront examinés par l'examinateur de l'artillerie, et, s'ils sont suffisamment instruits (1), ils recevront l'ordre de se rendre à l'Ecole de Metz, où ils resteront un an ou deux ans pour compléter leur instruction et de là entrer dans les régimens d'artillerie. — Le corps du génie continuera de prendre à l'Ecole Polytechnique tous les sujets nécessaires à tous ses besoins, et les choisira parmi les jeunes gens les plus instruits, le plus en état de résister à la fatigue et qui annonceront le plus de dispositions morales. — Après que le corps du génie aura pris tous les sujets qui lui seront nécessaires, les autres élèves de l'école seront donnés

(1) On les examina sur le premier volume du cours de Bezout.

aux ponts-et-chaussées, aux mines, aux poudres et salpêtres et aux autres services civils. Ce qui se pratiquait alors était presque tout le contraire de ce qui était prescrit par cette dernière mesure.

Plus tard, le 27 septembre 1812, Napoléon ordonna qu'à dater du 1er janvier 1813, il ne serait plus admis à l'Ecole Polytechnique que des sujets bien constitués et capables de supporter les fatigues de la guerre.

Si ces dispositions, particulièrement celles qui sont relatives à l'artillerie, eussent reçu une exécution rigoureuse, l'avenir de l'Ecole Polytechnique en eût été ébranlé; car près de la moitié de ses élèves avaient été jusqu'alors destinés à l'artillerie, mais il en fut tout autrement. Les guerres dans lesquelles Napoléon se trouva engagé rendant les besoins très-pressans, on alimenta le corps des officiers de l'artillerie, ainsi qu'il l'avait prescrit par le décret du 30 août 1811, et néanmoins on continua à envoyer des élèves de l'Ecole Polytechnique à l'Ecole spéciale d'artillerie.

Au bout de deux ans, le décret et l'ordonnance furent abrogés; non-seulement l'Ecole Polytechnique rentra en possession de fournir à l'Ecole spéciale d'artillerie tous les sujets destinés à cette arme; mais en 1816, Napoléon n'étant plus sur le trône, on astreignit les officiers d'artillerie qui étaient sortis de l'Ecole de Saint-Cyr et du prytanée de La Flèche à subir des examens; ceux qui ne le purent ou qui subirent de mauvais examens se virent contraints de quitter le service, s'ils ne voulaient point passer dans d'autres armes.

Il est permis de douter que cette mesure fût prise dans l'intérêt de l'arme de l'artillerie; car alors il fallait aussi assujettir à subir des examens tous les officiers d'artillerie qui n'avaient point passé par l'Ecole Polytechnique, c'est-à-dire toute la tête du corps d'officiers, presque tous les officiers qui avaient passé par l'Ecole de Châlons, et enfin tous ceux qui, étant sortis de la classe des sous-officiers, n'avaient subi aucun examen.

J'ajouterai que si l'on astreignait ainsi les officiers d'artillerie sortis de l'Ecole Polytechnique à subir des examens, au bout de quelques années de service, ils se trouveraient également fort embarrassés; car aussitôt qu'ils ont endossé l'uniforme, ils ne s'occupent plus, sauf quelques très-rares exceptions, de ce qu'ils y avaient appris.

Cette mesure semblait être une menace adressée aux jeunes gens qui oseraient entrer dans les services publics, autrement qu'en passant par l'Ecole Polytechnique, si jamais un gouvernement prenait des mesures semblables à celle qui venait d'être abrogée; c'était enfin une réaction contre le décret du 30 août 1811.

Le régime introduit par Napoléon subsista jusqu'au 13 avril 1816, époque à laquelle l'école fut licenciée par suite d'un acte d'insubordination collectif, auquel presque tous les élèves prirent part. Elle fut réorganisée le 4 septembre 1816, et l'on adopta l'organisation qu'elle avait avant le licenciement, en y apportant les modifications suivantes.

Le régime et l'appareil militaire furent supprimés, mais le casernement fut maintenu et la pension portée à 1,000 francs.

Le chef de l'école reprit le nom de directeur, et eut sous ses ordres, pour le seconder, un inspecteur des études et six sous-inspecteurs nommés par le ministre de l'intérieur et choisis parmi les fonctionnaires en activité dans les services publics qu'alimentait l'école.

Un conseil d'inspection, présidé par un pair de France, fut créé pour s'occuper, une fois par trimestre, de l'Ecole Polytechnique sous le point de vue de l'ordre public.

Le 17 septembre 1822, l'Ecole Polytechnique,

à la suite d'une nouvelle insubordination collective des élèves, fut replacée sous le régime militaire; elle eut un gouverneur et un sous-gouverneur, mais on ne fit point reprendre aux élèves le fusil et la giberne, et l'école continua à être placée sous les attributions du ministre de l'intérieur.

Enfin, depuis la révolution de 1830, une ordonnance, sous la date du 30 octobre 1832, place l'école dans les attributions du ministre de la guerre, rend aux élèves le fusil et la giberne, et les astreint à s'exercer aux manœuvres de l'infanterie pendant les heures de récréation; cette ordonnance apporte encore quelques changemens à la constitution de l'école, mais ils sont peu importans, et je ne crois pas utile d'en parler.

Nous avons vu que l'Ecole Polytechnique fut d'abord constituée de manière à ce que les élèves fussent animés de sentimens démocratiques, ce qui était conséquent sous la république.

Napoléon, en supprimant les écoles centrales, en exigeant que les candidats qui se présentaient pour être admis à l'Ecole Polytechnique eussent fait des études françaises et latines, en faisant payer une [pension aux élèves, rendait l'école inaccessible aux jeunes gens qui n'appartenaient pas à des familles aisées, sauf les exceptions qu'il lui convenait de faire en accordant des bourses à quelques candidats dont les parens étaient ordinairement au service de l'état.

Ces changemens tendaient à substituer aux sentimens démocratiques des élèves des sentimens monarchiques; mais l'esprit dans lequel ils furent exécutés, la rigueur du régime militaire auquel on soumit les élèves, et l'influence qu'exerçaient sur eux les hommes qui les commandaient, tendaient à les façonner pour le despotisme.

Le gouvernement de Napoléon était en effet un despotisme pur, ce dont on ne saurait lui faire un reproche, car aucun autre genre de gouvernement n'aurait été praticable dans les circonstances où il s'empara du pouvoir. Il est permis de croire qu'il désirait qu'un gouvernement monarchique tempéré succédât au gouvernement despotique qu'il avait établi, du moins quelques-unes des institutions qu'il substitua à celles de la république tendaient à amener ce résultat.

Sous la restauration, on ne parut suivre aucun plan, puisque l'on supprima d'abord le régime militaire, par suite d'une insubordination collective, et que, plus tard, on le rétablit en partie, également par suite d'une nouvelle insubordination.

Depuis la révolution de 1830 on rentra dans les erremens de l'empire.

On a vu dans quelles circonstances et comment l'Ecole Polytechnique fut fondée; j'ai fait connaître, non-seulement les changemens et les modifications apportés successivement à sa constitution et à l'instruction que l'on y donnait aux élèves, mais encore l'esprit qui a présidé à l'exécution des règlemens relatifs à cette instruction et le degré d'utilité que présentait ce vaste enseignement théorique.

J'ai envisagé enfin l'Ecole Polytechnique sous le point de vue politique.

Nous pouvons donc actuellement, avec connaissance de cause, examiner si cette Ecole atteint le but pour lequel elle a été instituée, c'est-à-dire si elle est le moyen le plus efficace de procurer à l'état les sujets les plus distingués et les plus capables, tant pour les services publics qu'elle alimente, que pour le perfectionnement des sciences exactes.

J'ai dit que mon opinion sur cette question différait de celle qui était généralement adoptée, pour ainsi dire, sans examen; aussi je la donne seulement comme mienne; il me suffira d'ailleurs, pour l'appuyer, de réunir en un faisceau les réflexions éparses dans cet écrit, et de tirer les conséquences des faits qui y sont rapportés.

Relativement aux services publics, il s'agit d'examiner d'abord, lequel serait préférable d'admettre directement les élèves dans les diverses écoles spéciales, ainsi que cela se pratiquait avant la création de l'Ecole Polytechnique, ou de les faire tous passer auparavant par une même école préparatoire ; puis, en supposant qu'il soit reconnu avantageux d'avoir une école préparatoire, il faudrait examiner si cette école doit être constituée telle que l'est l'Ecole Polytechnique ; et, enfin, il faut distinguer les services militaires et les services civils, qui se trouvent, sous plusieurs rapports, dans des conditions différentes.

Supposons pour un instant que l'Ecole Polytechnique n'existe point, que chacune des écoles spéciales reçoive directement les élèves qui lui sont nécessaires, que les connaissances exigées pour être admis dans ces écoles soient les mêmes que celles que l'on exige actuellement des candidats qui se présentent pour entrer à l'Ecole Polytechnique, et l'on sait qu'elles sont suffisantes pour suivre les travaux des différentes écoles spéciales : on se procurerait ainsi des sujets très-bien préparés, sous le rapport des connaissances théoriques, pour entrer dans les divers services publics qu'alimentent ces écoles; la pratique de leur art, que rien ne peut suppléer, achèverait de les former.

Examinons pourtant s'il ne serait pas possible et s'il serait avantageux de créer une école préparatoire commune à tous les services publics, école par laquelle il faudrait passer avant d'être admis dans les écoles spéciales, et où l'on acquerrait des connaissances théoriques également utiles dans ces divers services. Je suppose d'ailleurs que l'enseignement donné dans cette école préparatoire serait un surcroît d'enseignement ; ainsi les mêmes examens qui conduisaient auparavant les élèves aux écoles spéciales les conduiraient à l'école préparatoire, et il leur faudrait en outre subir de nouveaux examens pour passer de l'école préparatoire aux écoles spéciales.

Puisque les connaissances exigées des élèves pour être admis dans l'école préparatoire sont suffisantes pour suivre les cours des écoles spéciales, on ne voit pas quelle instruction réellement utile on pourrait leur donner dans la première de ces écoles qu'ils n'eussent déjà reçue avant que d'y être admis, ou qu'ils ne dussent recevoir dans les secondes, et ce qui surabonde est rarement utile. Eh bien! une telle école existe en France : c'est l'Ecole Polytechnique.

J'ai fait voir comment les savans qui avaient fondé l'Ecole des Travaux publics, destinée d'abord à remplacer toutes les écoles spéciales, reconnaissant bientôt que leur projet était inexécutable, avaient transformé cette école en école préparatoire sous le nom d'*Ecole Polytechnique* ; on a vu également que, malgré cette transformation, l'enseignement fut d'abord à peine changé ; puis qu'il éprouva des variations, dont le résultat fut, en définitive, d'éliminer les sciences et les arts que l'on devait enseigner plus tard aux élèves dans les écoles spéciales, et de donner de l'accroissement à l'enseignement des mathématiques transcendantes et de cette partie de la géométrie descriptive qui est purement spéculative.

Il est probable que les hommes qui obtinrent la transformation de l'Ecole des Travaux publics en Ecole Polytechnique n'étaient pas tous également convaincus de l'utilité de la nouvelle école, ou qu'ils voyaient cette institution à travers le prisme de leurs intérêts. La plupart étant en même tems des savans célèbres et des hommes politiques mêlés aux affaires du tems, cette création leur était on ne peut plus utile; elle les fixait à Paris avec de bons appointemens, et elle augmentait leur célébrité : le savant pouvait pousser l'homme d'état, et réciproquement. J'ai dit que cela était probable, parce que tel est le cœur humain.

Quoi qu'il en soit, il n'y a de tout ce que l'on enseigne à l'Ecole Polytechnique que la géométrie descriptive et le dessin, en ce qui concerne son application aux travaux graphiques, qui soient réellement utiles à toutes les espèces d'ingénieurs; mais, je le répète, ce que les élèves en ont appris pour entrer à l'Ecole Polytechnique, et ce qu'ils en apprennent dans les écoles spéciales leur suffirait; qui empêcherait d'ailleurs de donner de l'extension à cet enseignement dans ces dernières écoles, s'il était prouvé que celui qu'on y reçoit fût insuffisant, quoique plus étendu qu'il ne l'était avant la création de l'Ecole Polytechnique?

A quoi peut servir aux ingénieurs le dessin de la figure et de la bosse?

Tous les hommes qui ont fait des études complètes doivent avoir des notions générales de physique, et plusieurs même ont quelques notions de chimie; si les ingénieurs des mines doivent avoir des connaissances plus étendues sur ces matières, en est-il de même des ingénieurs-constructeurs de vaisseaux, des artilleurs et des ingénieurs pour les autres services? aussi leur arrive-t-il, comme à moi, d'oublier presque entièrement ce qu'ils en ont appris.

On ne prétendra pas que les mathématiques transcendantes présentent des applications dans les différens services auxquels on destine les élèves de l'Ecole Polytechnique, mais on prétend *que cette étude exerce l'esprit et la sagacité des élèves et les rend capables de saisir toutes les applications dont ils peuvent être chargés un jour*. On ne saurait apporter aucune bonne raison à l'appui de cette opinion, qui a motivé l'accroissement successif donné à l'enseignement des mathématiques transcendantes, et je n'hésite pas à déclarer qu'elle me paraît erronée. Comment concevoir, en effet, qu'une science purement spéculative puisse rendre ceux qui la possèdent capables de saisir toutes les applications dont ils peuvent être chargés un jour? Je penserais plutôt que ce serait tout le contraire.

Les élèves de l'Ecole Polytechnique, aussitôt après avoir subi leur examen pour entrer dans les écoles spéciales, rejettent comme un inutile fardeau ces mathématiques transcendantes dont on avait surchargé leur mémoire, et les travaux auxquels ils se livrent ensuite, dans les écoles spéciales, en font de bons ingénieurs, non pas *parce qu'ils* avaient été bourrés de mathématiques transcendantes, mais *quoique*...

Deux années d'études théoriques, qui n'ont, pour ainsi dire, aucun rapport avec les occupations auxquelles on veut consacrer sa vie, loin d'être utiles, peuvent étouffer une vocation. Eh quoi! pour faire un habile ingénieur, vous commencez par lui remplir la tête d'une foule de connaissances étrangères aux travaux auxquels il doit consacrer sa vie! Le gros bon sens et l'expérience indiquent au contraire qu'après avoir acquis les connaissances théoriques nécessaires, il doit consacrer son tems presque exclusivement à l'étude de son art, s'il veut devenir réellement habile.

Il n'est même pas prouvé que ces deux ou trois années d'études opiniâtres à l'Ecole. Polytechnique rendent plus aptes à suivre les cours des écoles spéciales; à l'Ecole d'état-major, les élèves qui sortent de l'Ecole Polytechnique ne paraisssent pas supérieurs, sous ce rapport, à ceux qui sortent de l'Ecole militaire de Saint-Cyr.

Lorsque les candidats étaient reçus directement dans les écoles spéciales, ils entraient dans celui des services publics qu'ils avaient choisi; au contraire, depuis la création de l'Ecole Polytechnique, un très-grand nombre d'entre eux se trouve lancé dans une autre carrière que celle à laquelle ils s'étaient destinés d'abord. Cela se remarque particulièrement pour le génie et pour l'artillerie, inconvénient grave, car c'est surtout dans la carrière des armes qu'il est avantageux d'avoir des hommes de vocation ; il faudrait, d'ailleurs, qu'ils fussent d'un tempérament robuste, et l'on admet souvent dans l'Ecole d'artillerie et du génie des jeunes gens qui, par défaut de santé autant que par défaut de vocation, avaient désiré entrer dans une carrière civile et qui ne l'ont pu.

Il n'y a aucun rapport entre les qualités nécessaires pour réussir dans l'étude des mathématiques transcendantes, et celles qui rendent un homme propre à suivre avec succès la carrière des armes. Aussi, tel élève, remarquable par son aptitude pour cette étude, deviendra peut-être un mauvais officier, et tel autre, qui lui était très-inférieur sous ce rapport, deviendra, au contraire, un excellent officier.

Bien plus! ce que l'on enseigne aux élèves dans l'Ecole de l'artillerie et du génie leur est sans doute nécessaire pour devenir de bons officiers; mais on se tromperait étrangement si l'on croyait que le rang, qu'ils occupent à leur sortie de cette école est une présomption d'une supériorité de mérite dans les services de guerre : c'est seulement la grande épreuve de la guerre qui permet de les classer sous ce rapport.

La balle d'un lazarone frappa à mort Boisgérard (1799) qui était déjà officier-général du génie, quoique âgé seulement de trente-deux ans, et lorsqu'il termina ainsi sa glorieuse carrière, il était dans l'opinion de ses camarades le premier ingénieur de guerre français; Boisgérard n'était pourtant sorti de l'Ecole du génie de Mézières que le dernier de sa promotion.

Enfin, la pension que doivent payer les élèves de l'Ecole Polytechnique ne permettant plus qu'aux jeunes gens qui appartiennent à des familles aisées, d'entrer dans les services publics, restreint la concurrence, et repousse des hommes de mérite par cela seul qu'ils manquent de fortune.

Il en était autrement lorsque les élèves de l'Ecole Polytechnique recevaient une solde, et surtout lorsque l'on entrait directement dans les écoles spéciales, puisque les élèves de ces dernières écoles touchent des appointemens qui leur permettent d'exister sans le secours de leurs familles. Je conviens, d'ailleurs, qu'en ce qui concerne l'artillerie et le génie, des motifs politiques peuvent justifier cette mesure (1), mais il n'en est pas ainsi pour les services civils.

Que si actuellement j'interroge les faits, ils ne me paraissent point hostiles à l'opinion que je viens d'émettre; la France possède de bons ingénieurs, et cela ne saurait être autrement, puisqu'ils se sont formés dans d'excellentes écoles spéciales; mais depuis quarante et un ans que l'Ecole Polytechnique existe, la France a-t-elle produit autant de ces ingénieurs remarquables qui forment époque et deviennent une autorité, qu'auparavant pendant le même laps de tems? Il est permis d'en douter.

Pour que mes lecteurs puissent mieux asseoir leur jugement, je rapporterai, comme point de comparaison, la manière dont on devenait ingénieur sous le règne de Louis XIV, si fécond en grands événemens et en grands hommes, époque mémorable où la guerre se réduisait en grande partie en attaques et en défenses de places.

Les ingénieurs étaient alors de tous les officiers de l'armée ceux qui jouaient le principal rôle, qui étaient le plus exposés, et ceux sur lesquels se fixaient le plus les regards.

(1) Voir le chap. IX de ma *Philosophie de la Guerre*, dans lequel je traite des *Institutions militaires dans leurs rapports avec les institutions politiques et avec les institutions civiles.*

On les recrutait dans le corps des officiers d'infanterie; chaque régiment d'infanterie comptait parmi ses officiers des ingénieurs volontaires; les ouvrages qui avaient été publiés sur la fortification leur servaient de guide dans leurs études; les officiers qui les avaient précédés dans cette carrière les aidaient de leurs conseils et de leurs leçons.

On choisissait, parmi les plus habiles, le nombre d'ingénieurs nécessaires aux besoins du service; ils recevaient des brevets, étaient détachés pour être employés dans les travaux des siéges ou des places, et comptaient pourtant toujours dans leurs régimens.

On obtenait ainsi des ingénieurs, qui avaient une vocation prononcée, et d'heureuses dispositions pour le genre de service auquel ils se destinaient; c'étaient des hommes de ressource, et qui étaient doués d'un zèle ardent, qualités les plus nécessaires à l'ingénieur. Indépendamment de la construction, et de l'entretien des fortifications, ils étaient aussi chargés des travaux des ports, des canaux et de divers autres travaux encore.

A aucune autre époque, et dans aucun pays, le corps des ingénieurs militaires n'acquit une telle célébrité. Ce fut alors aussi que parut l'immortel Vauban, le plus célèbre ingénieur des tems modernes.

L'Angleterre nous offre aujourd'hui un exemple non moins remarquable; elle possède des ingénieurs civils *(civil engineers)* auxquels l'état, les comtés, et les communes, confient la direction des travaux dont sont chargés en France les ingénieurs des ponts-et-chaussées, les ingénieurs hydrauliques, les architectes et les ingénieurs-constructeurs de vaisseaux; les particuliers les emploient pour la direction de semblables travaux, et pour diriger la construction de fabriques, d'usines et de machines.

Ces ingénieurs n'ont été contraints de passer par aucune école, ne forment point une corporation, et ne reçoivent du gouvernement ni brevets, ni appointemens; ce sont des hommes de vocation, ils ont été formés par des ingénieurs qui les ont précédés dans cette carrière, et beaucoup moins par des études théoriques, que par des travaux pratiques; ils sont payés par ceux qui les emploient.

Selon leur habileté, et la réputation dont ils jouissent, ils sont plus ou moins recherchés; c'est assez dire que celui qui serait sans mérite ne trouverait pas d'occupation; ils sont enfin les fils de leurs œuvres.

Tous ces remarquables travaux, qui font l'orgueil de l'Angleterre et l'admiration des étrangers, sont leur ouvrage.

C'est ainsi que l'on obtient des hommes de génie, de vocation et d'expérience; le mode suivi en France les repousse; aucune exception n'y a été autorisée en faveur de ces génies extraordinaires, dont la nature est si avare; il paraîtrait un Vauban, qu'il ne pourrait être admis dans le corps du génie, et le célèbre Brunel (1) n'obtiendrait pas d'entrer dans le corps des ponts-et-chaussées.

Je conviens d'ailleurs que, dans les pays dont la civilisation est peu avancée, il faut nécessairement des écoles pour former des ingénieurs; ce fut ainsi que Pierre-le-Grand, et que ses successeurs s'en procurèrent, et s'en procurent encore; ils n'auraient pu imiter l'Angleterre, mais assurément la France le pourrait.

Il me reste actuellement à examiner si l'Ecole Polytechnique est le moyen le plus efficace de procurer à l'état les sujets les plus capables de perfectionner les sciences exactes : on serait disposé à le croire, au premier aperçu; mais un

---

(1) **Brunel** est né dans le département de l'Eure, qui faisait partie de l'ancienne province de Normandie; il a, entre autres travaux, dirigé ceux du Tunnel de la Tamise, et on lui doit la célèbre poulierie de Portsmouth, le chef-d'œuvre de la mécanique moderne.

examen plus approfondi vous convainct bientôt que c'est précisément tout le contraire ; occupons-nous d'abord des mathématiques.

On a vu qu'un très-petit nombre de personnes en Europe était initié aux parties élevées de cette science avant la création de l'Ecole Polytechnique; mais il est prouvé aussi que, depuis cette création, tous les jeunes gens doués d'une intelligence ordinaire parviennent non-seulement à s'y faire admettre, mais encore à y suivre l'enseignement des mathématiques transcendantes; ils y emploient plus ou moins de tems, ils travaillent avec plus ou moins d'opiniâtreté, leur mémoire supplée plus ou moins leur intelligence ; mais, en définitive, tous, s'ils en ont la volonté, atteignent le même but. Aussi voit-on des parens destiner actuellement un de leurs enfans à l'Ecole Polytechnique, dès sa tendre jeunesse, sans s'inquiéter de son aptitude aux mathématiques; et à moins qu'il ne soit mal organisé sous le rapport de l'intelligence, que la paresse ou la dissipation ne l'empêche d'étudier, s'ils peuvent lui donner les maîtres nécessaires, ils le mettent toujours en état d'entrer à cette école

Ces jeunes gens peuvent échouer pourtant à cause de la concurrence, et parce que le hasard joue un grand rôle dans des admissions prononcées par suite d'un examen oral d'une heure environ.

On ne saurait trouver que bien rarement des hommes ayant le génie et la vocation des mathématiques parmi ces jeunes gens recrutés dans les classes aisées, qui n'apprennent les mathématiques transcendantes que par nécessité, pour atteindre un but, et cessent de s'en occuper aussitôt qu'il est atteint, dans la tête desquels on enfonce ces mathématiques à coups de marteau, pour ainsi dire, et qui ont tous une autre destination que celle de l'enseignement.

Il résulte au contraire de cet enseignement, aujourd'hui si étendu, des mathématiques, que s'il se trouve un homme qui ait le génie de cette science, on doit craindre qu'il ne s'ignore lui-même et qu'il ne soit, en quelque sorte, impossible de reconnaître son mérite ; mais lors même qu'on le pourrait, s'il appartient à des parens pauvres, il n'est pas probable qu'on lui tende une main secourable et qu'il puisse percer.

En effet, lorsqu'un petit nombre de personnes seulement était initié aux mathématiques transcendantes, et que l'on était convaincu qu'il n'y avait que des hommes doués d'un génie particulier qui pussent se livrer avec succès à l'étude de cette science, ceux qui l'enseignaient recherchaient les sujets qui montraient des dispositions extraordinaires ; on s'empressait de les leur faire connaître, et presque toujours ils obtenaient pour eux l'appui du gouvernement ou d'un Mécène.

Actuellement, ils ont un bataillon d'élèves auxquels ils enseignent les mathématiques transcendantes, et le nombre des jeunes gens qui se présentent pour entrer à l'Ecole Polytechnique est plus grand qu'on ne le voudrait ; c'est même par ce motif que l'on a augmenté successivement la masse des connaissances exigées pour y être admis, ce qui ôte aux hommes de génie qui sont pauvres jusqu'à la pensée de tenter de s'y faire admettre.

Supposons, par exemple, qu'un jeune homme appartenant à des parens pauvres ait montré des dispositions extraordinaires pour les mathématiques en apprenant seul une partie des élémens de cette science : s'il a suivi Bezout, auteur le plus clair et le plus facile, c'est un titre de réprobation ; mais lors même qu'il serait parvenu à suivre les méthodes plus difficiles des auteurs qui ont écrit depuis, par quels motifs chercherait-on à lui procurer les moyens de pousser plus loin l'étude des mathématiques ? n'y a-t-il pas une foule de jeunes gens qui étudient cette science pour se présenter à l'Ecole Polytechnique et qui en savent plus que lui? ne se présente-t-il pas tous les ans des flots de mathématiciens aux examens d'admission pour cette école? Que si enfin notre pauvre jeune homme est parvenu à apprendre seul ce que l'on exige de mathématiques, il possède mal sa langue, il ne sait pas un mot de latin, il n'a aucune notion de dessin : il ne saurait donc être admis.

D'Alembert, enfant naturel recueilli par une fruitière; Laplace, fils d'un cultivateur des vallées d'Auge, en Normandie; Monge, dont le père était marchand forain à Beaune, et dont, lorsqu'il était appareilleur à l'Ecole de Mézières, Bossut devina le génie, auraient probablement été inconnus, s'il y eût eu de leur tems une Ecole Polytechnique, telle que celle de nos jours.

Je dois ajouter que, s'il se trouve à cette école un élève qui ait le génie des mathématiques, il est distrait de sa vocation par la diversité des études auxquelles il doit se livrer; il peut arriver aussi que l'on ne distingue pas son mérite, surtout si sa santé ou son aptitude au travail l'oblige à ne travailler qu'avec mesure, et que, n'acquérant pas le sentiment de ses forces, il abandonne l'étude des mathématiques aussitôt qu'il ne sera plus contraint de s'y livrer.

Les faits viennent à l'appui des opinions que je viens d'émettre : si l'on compare les savans mathématiciens qu'a produits la France pendant les quarante et une années qui ont précédé la création de l'Ecole Polytechnique, avec ceux qu'elle a produits depuis la création de cette école, on trouve à ces deux époques des savans qui sont également bien au courant de la science; mais à la première, malgré le petit nombre de personnes qui cultivaient alors les mathématiques transcendantes, il apparaît, en outre, des hommes de génie du premier ordre; tels sont Lagrange, Monge et Laplace.

On remarque, d'ailleurs, que presque tous les savans mathématiciens, sortis de l'Ecole Polytechnique, y étaient entrés dans les dix premières années de l'existence de l'école, époque où les élèves n'étaient point casernés, où, loin de payer pension, ils recevaient des appointemens, où l'on n'exigeait aux examens d'admission que des mathématiques, et en moindre quantité qu'actuellement; époque, enfin, où les jeunes gens qui avaient la vocation des mathématiques pouvaient, quoique pauvres, parvenir à y être admis.

Ce que je dirai de la physique et de la chimie sera court : si je compare les hommes célèbres dans ces deux sciences, ainsi que je l'ai fait pour les mathématiques et aux mêmes époques, je trouve que ceux qui ont paru pendant les quarante et une années qui ont précédé la fondation de l'Ecole Polytechnique, l'emportent; du moins, Haüy pour la physique, et pour la chimie, Lavoisier, Fourcroy, Bertholet et Vauquelin n'ont pas été égalés.

Plus de la moitié des membres de la classe de l'Institut, pour les sciences physiques et mathématiques, sont d'anciens élèves de l'école Polytechnique, et l'on cite ce fait comme une preuve des services que cette Ecole rend aux sciences; comment serait-il possible que l'on ne trouvât pas d'anciens élèves de l'Ecole Polytechnique à l'Institut, puisque, dans ces derniers tems, presque tous les hommes qui avaient consacré leur vie à l'étude des sciences physiques et mathématiques avaient passé par cette école!

Mais, dira-t-on, après avoir lu cet écrit, à quoi bon cet examen, et qu'en résultera-t-il? Rien pour le moment. Sisyphe continuera encore à rouler son rocher.

FIN.

www.ingramcontent.com/pod-product-compliance
Lightning Source LLC
LaVergne TN
LVHW050613090426
835512LV00008B/1464